Nous conjuguons!

Le verbe FINIR au présent de l'indicatif

Catalogage avant publication de Bibliothèque et Archives Canada

Pelletier, Dominique, 1975-, auteur, illustrateur
Le verbe finir au présent de l'indicatif / Dominique Pelletier, auteur et illustrateur.

(Nous conjuguons!)
ISBN 978-1-4431-4333-2 (couverture souple)

1. Finir (Le mot français)--Ouvrages pour la jeunesse. 2. Français
(Langue)--Conjugaison--Ouvrages pour la jeunesse. 1. Titre.

PC2317.F56P45 2015   j448.2   C2014-906637-6

Édition publiée par les Éditions Scholastic, 604, rue King Ouest, Toronto (Ontario) M5V 1E1.

5 4 3 2 1   Imprimé au Canada 119   15 16 17 18 19

MIXTE
Papier issu de
sources responsables
FSC® C103113
10%

Nous conjuguons!

Le verbe FINIR au présent de l'indicatif

Dominique Pelletier

Éditions SCHOLASTIC

Je finis mon casse-tête.

Tu finis ton casse-tête.

Il finit son casse-tête.

Elle finit son casse-tête.

Nous finissons notre casse-tête.

Vous finissez votre casse-tête.

Ils finissent leur casse-tête.

Elles finissent leur casse-tête.

Je finis mon livre.

Tu finis ton livre.

Il finit son livre.

Elle finit son livre.

Nous finissons notre livre.

Vous finissez votre livre.

Ils finissent leur livre.

Elles finissent leur livre.

Je finis mon travail.

Tu finis ton travail.

Il finit son travail.

Elle finit son travail.

Nous finissons notre travail.

Vous finissez votre travail.

Ils finissent leur travail.

Elles finissent leur travail.

Je finis mon dessin.

Tu finis ton dessin.

Il finit son dessin.

Elle finit son dessin.

Nous finissons notre dessin.

Vous finissez votre dessin.

Ils finissent leur dessin.

Elles finissent leur dessin.

Je finis mon brocoli.

Tu finis ton brocoli.

Il finit son brocoli.

Elle finit son brocoli.

Nous finissons notre brocoli.

Vous finissez votre brocoli.

Ils finissent leur brocoli.

Elles finissent leur brocoli.

Je finis ma promenade.

Tu finis ta promenade.

Il finit sa promenade.

Elle finit sa promenade.

Nous finissons notre promenade.

Vous finissez votre promenade.

Ils finissent leur promenade.

Elles finissent leur promenade.

Je finis mon repas.

Tu finis ton repas.

Il finit son repas.

Elle finit son repas.

Nous finissons notre repas.

Vous finissez votre repas.

Ils finissent leur repas.

Elles finissent leur repas.

Je finis mon bricolage.

Tu finis ton bricolage.

Il finit son bricolage.

Elle finit son bricolage.

Nous finissons notre bricolage.

Vous finissez votre bricolage.

Ils finissent leur bricolage.

Elles finissent leur bricolage.

Elles finissent leur bricolage.

Je finis mon casse-tête.

Tu finis ton livre.

Il finit son travail.

Elle finit son dessin.

Nous finissons
notre brocoli.

Vous finissez
votre promenade.

Ils finissent leur repas.

Elles finissent
leur bricolage.

Instructions
Cartes éclair

Exerce-toi à conjuguer
le verbe finir à l'aide des
cartes éclair qui suivent.
Le verbe conjugué figure
au dos de chaque carte.

Je	Tu
Il	Elle
Nous	Vous
Ils	Elles

Tu finis ton livre.	**Je finis** mon casse-tête
Elle finit son dessin.	**Il finit** son travail.
Vous finissez votre promenade.	**Nous finissons** notre brocoli.
Elles finissent leur bricolage.	**Ils finissent** leur repas.